CUA-TUNG-PLAGE

PROVINCE DE QUANG-TRI

(ANNAM)

LA REINE DES PLAGES

GRAND HOTEL DES CAPS

VENTILATION & ÉCLAIRAGE ÉLECTRIQUES

FABRIQUE DE GLACE

FAJOLLE FRÈRES, Propriétaires

OUVERTURE LE 1er JUIN 1926

CUA-TUNG : L'Hôtel

LA PLAGE DE CUA-TUNG

Que l'on parte de Hué ou du Bungalow de *Đông-Hới*, après une nuit de repos c'est entre 8 h. et 9 h. que l'on arrive au kilomètre 96. Si l'on a couché à *Vinh*, on arrivera, après une halte à *Đông-Hới*, vers trois heures du soir.

Une paillotte qui penche : c'est le *Trạm* de la Poste. Un triangle de raccordement savamment établi, un poteau indicateur, deux même, et c'est la route locale 70, la route qui mène à *Cửa-Tùng*, au Grand Hôtel des Caps : 10 kilomètres, précise la plaque indicatrice.

On glisse quelque temps dans la plaine de rizières. Une vieille pagode ombragée de flamboyants, qui à la saison des fleurs, font

CUA-TUNG : L'Hôtel. le bâtiment des chambres, vu de la cour intérieure.

une tâche de feu sur le vert ou le jaune des riz, et l'on atteint la terre rouge, ou plutôt, la Terre Rouge, car c'est le nom annamite de la région.

C'est un enchantement "Une allée de parc" disait un touriste émerveillé.

Les villages font à la plaine une ceinture ininterrompue. Les Jardins s'étagent sur des mamelons rougeâtres, couronnés de bosquets. Des panaches d'aréquiers, des parfums d'orangers, de grands banyans, dont l'un, aux troncs multiples, abrite tout un marché. Des pagodes trouent les haies de bambous. Un clocher pointe vers le ciel. Des haies bien taillées que débordent des arbres fruitiers. Une bande sablonneuse. La route s'enfonce dans une coulée de verdure, et c'est l'estuaire du fleuve ; elle grimpe une falaise et c'est la mer, la plage de *Cửa Tùng*.

CUA-TUNG : Les rochers, au pied de l'Hôtel.

Quelle belle plage ! Un à pic de dix mètres, en belle terre rouge, domine l'étroite bande de sable, propre, éclatante, avivée par un liseré d'écume, entre le rouge ardent des terres et le bleu profond de la mer.

Des filaos dévalent la pente, assez clairsemés pour qu'ils ne cachent pas la vue et n'arrêtent pas la brise, assez fournis pour atténuer la lumière brutale du large. Au loin, à l'horizon, l'Ile du Tigre, pareille à un vaisseau de haut bord.

De coquettes villas couronnent la crête de la falaise et conduisent le touriste a l'Hôtel.

L'Hôtel des Caps. — Il s'élève sur un éperon. le second des huit promontoires qui précèdent le Cap Lay. La mer en face, la mer à

CUA-TUNG: *La première baie, les villas.*

droite, la mer à gauche. On se croirait, quand on dîne, dans la salle
à manger d'un grand paquebot, ancré entre deux baies.

Vastes vérandahs, salle de restaurant et salle de jeux élégamment
décorées, chambres confortables, cuisine soignée, lumière électrique,
ventilateurs de plafond, glace fabriquée dans l'établissement, garages
fermant à clef, court de tennis, croquet, spirobole, eau excellente —
C'est la Faculté qui s'en porte garant — des puits de la région, que
l'on fait passer, pour dissiper les dernières terreurs, dans des filtres
installés un peu partout. On ne s'attendrait pas à trouver tant de
confort si loin des grands centres

Car la région n'a encore rien perdu, dans les environs immédiats
de l'Hôtel de son ancien aspect.

Les barques de pêche, les radeaux en gros bambous, s'en vont
au large et débarquent, le soir, leur pêche, maigre ou abondante,

CUA-TUNG : L'Hôtel sur son éperon, la Plage

suivant les jours. Les pêcheurs au torse nu, aux bras musclés, tirent la senne sur le rivage.

Les *bàgià*, les *bécon*, emportent le poisson en trottinant et vont préparer, dans les *cáinhà* des alentours, toutes sortes des mixtures savoureuses. Des marchés populeux fournissent aux *bếps* toutes sortes de victuailles ; à leurs patrons, s'ils ne craignent pas les fortes odeurs, des scènes curieuses et tous les jours variées.

Les journées s'écoulent, reposantes à la fois et bien remplies.

D'abord, le bain, dès cinq heures, dès que le soleil s'est caché derrière les hautes haies de bambous qui ceinturent la falaise. Le bain sur une plage unie qui descend en pente insensible, laissant un large espace aux baigneurs inexpérimentés, aux peureux, aux

CUA-TUNG : Vue sur la seconde baie, tête de l'Eléphant.

enfants : une plage qui ôte tout souci aux mères les plus timorées
les plus aimantes ; une plage qui permet aux audacieux, et sans
danger, les plus folles entreprises.

Et avant de se mettre à l'eau comme au sortir du bain, des
tentes parasols discrètes permettent de prendre un peu de repos
ou de faire sa toilette.

On se croirait presque à Deauville ou à la Baule !

Après le bain, après la douche, l'apéritif, sous les grands vérandahs, dans les confortables fauteuils, le regard perdu dans l'espace,
en attendant le dîner.

Et puis, la danse.

CUA-TUNG : L'Hôtel, Salle du Restaurant.

Mais la matinée n'a pas été oiseuse.

Les hommes sont partis de grand matin. Les uns sont allés s'installer sur un rocher, au pied même de l'Hôtel, à l'embouchure du fleuve, ou plus loin. à la Tête de l'Eléphant. Et là, ils ont attendu que le poisson morde à l'hameçon, et ils ont rapporté quelques vieilles, bien plus savoureuses. assurent-ils. que celles que l'on vend au marché.

Les autres, le fusil en bandoulière, la cartouchière pleine, sont allés explorer les bosquets des environs, les champs de paillottes, les landes et ils ont rapporté un coq sauvage, quelques poulettes, des perdrix, des cailles, des tourterelles.

CUA-TUNG : L'Hôtel, le bâtiment des chambres, vu par devant.

S'ils étaient partis avant le jour, peut être auraient-ils surpris un lièvre !

Les dames sont allées visiter " la cathédrale " la plus belle église de l'Annam. Mais ce qui les attirait, c'était l'atelier de tissage.

Elles se sont attardées à déployer, à palper, à faire froufrouter des soies, des soies unies, des soies rayées des soies côtelées, des crépons, surtout des crépons Et elles ont fait des emplettes Il faut habiller tant de monde, et on a tant de cadeaux à faire, et c'est si souple si solide, inusable ! ! Et puis, ce qu'on n'emploiera pas sur le moment servira plus tard !

CUA-TUNG : *L'Hôtel, garages et court de tennis.*

La matinée s'est écoulée sans qu'on s'en aperçoive, Déjeuner·
Sieste.

Puis le moment est venu de faire une promenade. La " route
des Caps ", pendant une dizaine de kilomètres, domine la mer, que
l'on entrevoit à travers un rideau de verdure. Elle traverse des
bosquets, où les initiés connaissent un petit lac ravissant de calme
et de fraîcheur. Elle longe un grand village de pêcheurs, grouillant
d'enfants, enveloppé de filets de pêche étendus sur des perches, qui
mérite une longue visite. Elle cotoie de petits rubans de rizières,
elle gravit le point culminant de la région, 60 mètres, et elle atteint
la route mandarine qui ramène au kilomètre 96. La promenade a
été charmante, unissant les beautés de la mer aux charmes de la
forêt. Et on ne s'en lasse jamais.

CUA-TUNG : *Sur la Plage, dans un coin rocheux.*

Une autre fois, on ira voir les vestiges du passé, les monuments chams, les vieilles pagodes, le village des sculpteurs sur bois. On pourra même organiser un voyage à l'île du Tigre : mais il y faut un cœur vaillant.

Telle est la plage de *Cửa-Tùng*, tels sont ses charmes, telle est la vie qu'on y mène, tout près de la nature, mais sans être privé des mille douceurs du confort moderne.

IMPRIMERIE DAC-LAP — HUÉ